Giuseppe Verdi

DON CARLOS
("Don Carlo")
in Full Score

The classic Italian translation authorized by the composer,
published as *DON CARLO* in a revised five-act restoration,
with notations for an alternative four-act version

DOVER PUBLICATIONS, INC.
Mineola, New York

Bibliographical Note

This Dover edition, first published in 2001, is an unabridged republication of the work originally published by G. Ricordi, Milan, n.d., as *Giuseppe Verdi, Don Carlo—Partitura (Valevole per l'edizione in 4 e 5 atti)*.
All prefatory materials are newly added. Portions of the note on page v are based on background materials published in *The New Grove Book of Operas*, edited by Stanley Sadie, published by St. Martin's Press, New York; copyright © 1992, 1996, 2000 by Macmillan Press Ltd.
For the loan of this rare edition of *Don Carlo* for republication, we are indebted to the Eda Kuhn Loeb Music Library of the Harvard College Library.

International Standard Book Number: 0-486-41387-X

Manufactured in the United States of America
Dover Publications, Inc., 31 East 2nd Street, Mineola, N.Y. 11501

"CARLOS" / "CARLO"

A Short History of Revisions

In 1865, Verdi was offered the Opéra, Paris' foremost theater, as the site of a full-scale grand opera to be composed to a French libretto. Despite his earlier rejection of the German verse play *Don Carlos, Infant von Spanien**   as a possible subject, Verdi later pronounced as "a magnificent drama" this tale by Friedrich Schiller about the tragic love of the son of King Philip II of Spain for his stepmother Elisabeth de Valois.

The French text took shape in the hands of librettists Joseph Méry and Camille Du Locle, with Verdi's active advice on every aspect of the work, from its grand structure to the most subtle details of vocabulary.

With the score virtually completed and *Don Carlos* already in full rehearsal—including fine-tuning, scene changes and at least one important addition—it was soon clear that the opera was far too long. Substantial cuts and wholesale revisions preceded its premiere of 11 March 1867, but the patched-up, eviscerated work disappeared from the Opéra repertory within two seasons.

An Italian translation of the opera—by Achille de Lauzières and Angelo Zanardini—had some success but resorted to severe cuts to overcome the old burden of length. Perhaps reflecting on this near-revival of his operatic child, Verdi himself set about revising and abridging *Don Carlos*. If there had to be an amputation, the composer seemed to say, he preferred to wield the knife himself.

With a revision attempt of 1872 already behind him, Verdi decided in 1882–3 to work *in French* with Du Locle, his original librettist—albeit through an intermediary! Because of a lawsuit over money, *the collaborators were no longer on speaking terms!*

Giving special attention to places where dramatic motivation had been obscured or musical shapes distorted, Verdi worked to bring the action closer to Schiller's. "I need hardly tell you," he wrote to a friend, "that when one writes for the theatre, one must make *theatre.*" Counting brevity among the highest of theatrical virtues, the revised *Don Carlos* swung between a newly crafted taut-muscled style and Verdi's earlier manner of long-breathed phrases and lyrical expansiveness. In this form, *Don Carlo* (the title of its Italian translation) was premiered at La Scala, Milan, on 10 January 1884.

In 1886, with Verdi's permission, a composite score was prepared by G. Ricordi, Milan, containing the original Act 1 of 1867 and the other four acts as revised. The present Dover edition is a republication of that classic, authoritative Italian edition. This full score, in five acts, includes notations for an alternative four-act version.

---

*Infante denotes a child of a king and queen of Spain or Portugal who is not their eldest.

DON CARLO
("Don Carlos")

Opera in five acts
[with optional cuts for four acts]

Music by
Giuseppe Verdi

[A note on librettists, French and Italian librettos, and score revisions
and their first performances appears on page v of this edition.]

CHARACTERS

Elisabetta . . . . Soprano
Elisabeth de Valois, Princess of France, then King Philip's betrothed

Principessa d'Eboli, *Princess Eboli, Elisabeth's lady-in-waiting* . . . . Mezzo-soprano

Don Carlo, *Don Carlos, Infante of Spain (Philip's son)* . . . . Tenor

Conte di Lerma, *Count of Lerma* . . . . Tenor

Rodrigo, Marchese di Posa, *the Marquis of Posa* . . . . Baritone

Filippo, *Philip II, King of Spain* . . . . Bass

Grande Inquisitore, *the Grand Inquisitor, a blind old man* . . . . Bass

Tebaldo, *Thibault, Elisabeth's page* . . . . Soprano

Una voce dal cielo, *A Voice from Heaven (end of Act 3).* . . . . Soprano

Contessa d'Aremberg, *Countess of Aremberg, a lady-in-waiting* . . . . *silent role*

Araldo reale, *a royal herald* . . . . Tenor

Il frate, *the old monk.* . . . . Bass

Deputati fiamminghi, *six Flemish Deputies* . . . . Basses

Monks / Officers of the Inquisition . . . . Basses

Lords and ladies of the French and Spanish court,
woodcutters, pages, royal guards, soldiers, populace

Setting: France and Spain in the time of Philip II of Spain, *ca.* 1560

CONTENTS

ACT 1

(p. 1)

The forest of Fontainebleau in winter

ACT 2 / Part 1

(p. 89)

The cloister of the San Yuste monastery

[The optional 4-act variant of the opera begins at p. 99a and proceeds through the following eight pages, ending with p. 99h. For performance in 5 acts, the score cuts from the asterisk, p. 99, to p. 100.]

ACT 2 / Part 2

(p. 134)

A pleasant spot outside the monastery gates

ACT 3 / Part 1
(p. 281)

The Queen's gardens, Madrid

ACT 3 / Part 2
(p. 332)

A large square in front of the Church of Our Lady of Atocha

ACT 4 / Part 1
(p. 421)

The King's study, Madrid

ACT 4 / Part 2

(p. 514)

Don Carlo's prison

ACT 5

(p. 557)

The cloister of the San Yuste monastery
(Elisabetta at the tomb of Carlo V)

FINAL CURTAIN

INSTRUMENTATION

Piccolo [Ottavino, Ott.]
2 Flutes [Flauti, Fl.]
2 Oboes [Oboi, Ob.]
English Horn [Corno inglese, C.i.]
2 Clarinets [Clarinetti, Cl.]
4 Bassoons [Fagotti, Fg.]

4 Horns [Corni, Cor.]
2 Cornets [Cornette, Crnt.]
2 Trumpets [Trombe, Trb.]
3 Trombones [Tromboni, Trbn.]
Ophicleide [Of.]

Timpani (Timpani, Tp.]

Percussion
    Bass Drum [Gran Cassa, G.C.]
    Cymbals [Piatti, P.]
    Tamtam [Tam-Tam, T.-t.]
    Triangle [Triangolo, Trg.]
    Bell [Campane, Cmp.]

Harmonium [Armonium]
Harp [Arpa, A.]

    Stage Band*

Violins I, II [Violini, Vni.]
Violas [Viole, Vle.]
Cellos [Violoncelli, Vc.]
Basses [Contrabbassi, Cb.]

*It was Verdi's practice to provide a "short score"of his stage-band music, with the understanding that the conductor or local bandmaster (where the opera was to be presented) would provide an appropriate instrumentation and the parts to match. Although rarely used in its entirety, the stage-band instrumentation listed in the authoritative Ricordi edition of *Don Carlo* is as follows:

• Offstage horns (*left and right)* in E-flat & B-flat • D clarinet ["terzino"] • 2 clarinets in A • 2 flugelhorns ["flicorni"] • 2 trumpets in D • 4 horns in D ["genis"] • bass flugelhorn ["flicorni basso"] • 2 tubas ["bombardini"] • 2 trombones • 2 bass tubas ["bassi"]

ATTO PRIMO

LA FORESTA DI FONTAINEBLEAU
L'inverno - A destra, un grande masso forma una specie di antro. Nel fondo, in lontananza, il palazzo reale.

N. I. INTRODUZIONE - CORO DI CACCIATORI

2

(*Alcuni boscaioli stanno tagliando legna: le loro mogli sono sedute presso un gran fuoco. Elisa-*
betta di Valois da sinistra, a cavallo, condotta da Tebaldo, suo paggio. Numeroso seguito di Cacciatori.)

(*Elisabetta traversa la scena in mezzo al suono delle fanfare, e getta delle monete ai boscaioli. Don Carlo appare a sinistra nascondendosi fra gli alberi. I boscaioli guardano la Principessa che si allontana e, riprendendo i loro utensili, si mettono in cammino e si disperdono pei sentieri del fondo*)

8

-tor! pronti,o_ la_ belva   ci sfug _ gi _ rà.

-tor! pronti,o_ la_ belva   ci sfug _ gi _ rà.

-vrem, pria ch'al_la_ selva   not_te   ver _ rà.

-vrem, pria ch'al_la_ selva   not_te   ver _ rà.

UNITE

N. II. SCENA E ROMANZA

DON CARLO

Io la vi_die al su _ o sor_ri _ so scin_til _ lar__ mi parve il so _ le; co _ me

l'alma al pa _ ra_di _ so schiu_ se a lei__ la spe _ me il vol.

allarg. a tempo

Ob.

Do
Cl.
Do

Fg.

Cor.
Do

D.C. Tan _ ta gio_ia a me _ pro_met_to che s'in _ ne_bria que _ sto cor: Dio, sor_

allarg. a tempo

Vni

Vle

Vc.   PIZZ.   ARCO

Cb.

D

Fl.

Ob.

Cl.
Do

Fg.

Cor.
Do

D.C. _ri _ di al no _ stro af_fet _ to, be _ ne _ di ci un ca _ sto a_mor;   Dio sor_

D

Vni   PIZZ.   ARCO   PIZZ.   ARCO

Vle   PIZZ.   ARCO   PIZZ.

Vc.   PIZZ.   ARCO   PIZZ.

Cb.   ARCO   PIZZ.

N. III. SCENA E DUETTO

ELISABETTA - DON CARLO

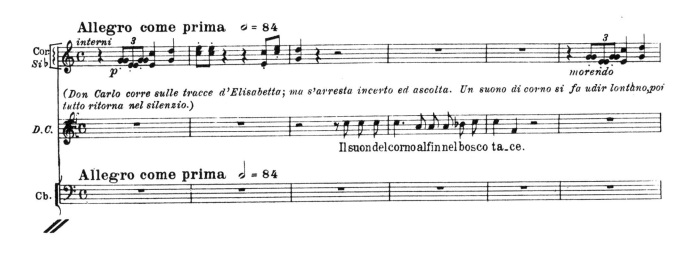

(Don Carlo corre sulle tracce d'Elisabetta; ma s'arresta incerto ed ascolta. Un suono di corno si fa udir lontano, poi tutto ritorna nel silenzio.)

Il suon del corno alfin nel bosco ta_ce.

(ascoltando)

Non più dei caccia_tor echeggiano i cla_mor! Cadde il dì! Tace o_

_gnun!.. e la stella pri_miera scintil _ la nel lontan spazio azzur_rin. Come del regio o_stel rinveni_rei il cam.

16

22

(Don Carlo rompe alcuni ramoscelli sparsi a terra ed avviva il fuoco.)

Vni

Vle

Vc.

Fl.

Cl.
Sib

Fg.

Cor.
Mib

ELISABETTA (sorpresa)

Al mio pie, per _ chè?

DON CARLO (Mirando la Regina, piega il ginocchio.)

Al _ la guerra quando il ciel per tenda abbiam, sterpi chiedere al _ la

Vni

Vle

Vc.

24

bril _ la.   Al campo allor chesplen _ de co _ sì vi _ va _ ce e bel _ la   la

26

_vel   sti_pu_larl'i_me_ne_o   col   fi_glio del mio   Re,   con Don Carlo si

40

44

string. e cresc.

Fl.
Ob.
Cl. Sib
Fg.
Mib Cor. Reb
Elis.

_liam eb_bri d'a_mor il giuro che ci u_ni _ va; lo disse il lab_bro, il ciel l'u_

D.C.

_liam eb_bri d'a_mor il giuro che ci u_ni _ va; lo disse il lab_bro, il ciel l'u_

string. e cresc.

Vni
Vle
Vc.
Cb.

Ott.

Fl.

Ob.

Cl.
Sib

Fg.

Mib
Cor.
Reb

Crnt.
Lab

Elis.

cor, lo dis _ se, lo disse il lab _ _ bro, il _ ciel, _ il ciel l'u _ di _ _

D.C.

_ ni; lo dis _ se, lo disse il lab _ _ bro, il _ ciel, _ il ciel l'u _ di _ _

Vni

Vle

Vc.

Cb.

52 Allegro poco più mosso ♩=120

(Tebaldo entra coi Paggi, portando fiaccole. I Paggi restano nel fondo, Tebaldo s'avanza solo verso Elisabetta.)

Allegro poco più mosso ♩=120

54

N. IV. CORO, SCENA E FINALE PRIMO

64

Re di Francia, il grande En ri co, al mo nar ca di Spagna e dell'India vuol dar la man d'Isabella sua fi

gliuola. Questo vin col sa rà suggel lo d'a mi stà. Ma Fi lip po la sciarvi li ber

ta de vuol in te ra; gradite voi la mano del mio Re che la spe ra?

70

mi sento morir!

mi sento morir!

In _ ni di fe _ sta lie _ tie _ cheg-gia _ te, e sa _ lu_

In _ ni di fe _ sta lie _ tie _ cheg-gia _ te, e sa _ lu_

In _ ni di fe _ sta lie _ tie _ cheg-gia _ te, e sa _ lu_

Ott.
Fl.
Ob.
Cl. Do
I.III. a 2
Fg.
II.IV. a 2
Fa
Cor.
Do
a 2
Crnt. La
Trb. Do
Trbn.
Of.
Tp.
G.C.
Elis.
È l'angoscia su-pre - ma!
mi sento morir!
D.C.
È l'angoscia su-pre - ma!
mi sento morir!
-ta - te il lie - to dì. La pa - ce ap-pre - sta fe - li - ci i-
-ta - te il lie - to dì. La pa - ce ap-pre - sta fe - li - ci i-
-ta - te il lie - to dì. La pa - ce ap-pre - sta fe - li - ci i-
Vni
Vle
Vc. Cb.

80

(Elisabetta condotta dal Conte di Lerma entra nella lettiga.)
(Il corteggio si mette in cammino. Don Carlo rimane solo e desolato.)

82

88

Fine dell'Atto I.

ATTO SECONDO (*)
PARTE PRIMA

IL CHIOSTRO DEL CONVENTO DI SAN GIUSTO

A destra, una cappella illuminata. Vi si vede, attraverso ad un cancello dorato, la tomba di Carlo V. - A sinistra, porta che conduce all'esterno - In fondo, la porta interna del Chiostro - Giardino con alti cipressi. È l'alba.

N. I. PRELUDIO, INTRODUZIONE, SCENA DEL FRATE
e DUETTO DON CARLO-RODRIGO

(*) La lezione dell'Opera in 4 atti comincia qui.

90

le _ va regna _ re sul mon _ do, o _ bli _ an _ do Colui che nel ciel   segna a.

_ gli astri il cammi _ no fe _ del.   L'or _ go _ glio immen _ so fu,   fu l'er _ ror   suo pro_

92

94

sol, e s'Ei lo vuo_le fa tremar la ter_ra e dil ciel! Ah!

98

Il giorno spunta lentamente. Don Carlo pallido ed esterrefatto erra sotto le volte del chiostro. Si arresta per ascoltare, e si scopre il capo. S'ode suonare una campana.- Il Coro dei Frati esce dalla cappella, traversa la scena e si perde nei corridoi del chiostro.

❊ Per l'esecuzione in 5 atti continua a pag. 100

Per l'esecuzione in 4 atti

99ᶜ

Fl.

Ob.

Cl.
Si♭

Fg.

Fa
Cor.
Si♭

D.C.

Fran_cia,　nella fo_re _ sta　di Fontainebleau,_____ nella foresta di Fontaine_bleau!

Vni

Vle

Vc.

Cb.

Io la vidi e il suo sor..ri..so nuovo un ciel apri..va a me! Ahi! per sempre or m'ha di..vi..so da quel

co..re un..padre, un re!   Non pro..mette un dì,___ fe..

-li - ce di mia vi _ ta il tri _ ste al _ bor... m'hai ru _ ba _ to, incantatri _

_ce, e cor__ e speme e sogni e a_mor, m'hai ru _ ba _ tospeme,sogni,a_

(✿) Per l'esecuzione dell'Opera in 4 Atti continua a pag. 102.

Recitativo

DON CARLO

Al chiostro di San Giusto o.ve fi.nî la vi.ta l'avo mio Car.lo Quin.to, stanco di gloria e o.

E
Andante

Ob.

Cl.
Sib

Fg.

D.C.

morendo   con passione

_nor, la pace cerco invan che tanto ambisce il cor.   Di lei_____ che m'han ra.

E
Andante

Vni

Vle

Vc.

Cb.

102

Rod. chia..ma il po..po..lo fiammingo! Soccorrer tu lo dêi; ti fa suo sal..va..tor! Machevi.

Rod. .d'io! quale pallor, qual pena!.. Un lampo di do..lor sul ciglio tuo ba..lena!.. Muto sei tu!.. so.

col canto

a tempo
(con trasporto d'affetto)

Rod. .spi..ri! hai tristo il cor! Carlo mi..o, con me, con me di..vi..di il tuo pian..to, il tuo do.

108

Fl.

Ob.

Cl.
Sib

Fg.

Cor.
Mi

D.C.

Lo vuoi tu?   La

Rod.

_de _ le,   l'a _ nima tua   non sia chiu_sa per me!   Parla!

Vni

Vle

Vc.

Cb.

Ob.

pp

Fg.

pp

a mezza voce

D.C.

mia sventura apprendi   e qual orrendo stral il _ mio   cor tra _ pas_sò!   A _ mo...

Vni

mf

mf

Vle

mf

Vc.

mf

112

D.C.

Allegro

Recitativo

Rod.

No!

Questo ar_ca_no dal Re non fu sorpreso an_co_ra?　　Ottien dunque da lui di partir per la

Allegro

Vni

Vle

Vc.

Cb.

Rod.

Fiandra.　　Taccia il tuo cor; degna di te opra fa_rai,　apprendio_ma_i in mezzo a gente op.

Vni

Vle

Vc.

Cb.

_man _ da al ciel   dei for _ ti la vir_tù!

116

117

Oh terror!

già.

Al sol veder la io

124

tre_mo!

Co_rag_gio!

(Rodrigo s'è allontanato da D. Carlo che s'inchina innanzi al Re cupo e
sospettoso. Egli cerca di frenar la sua emozione. Elisabetta trasale nel

riveder D. Carlo. Il Re e la Regina si avanzano, e vanno verso la cappella ov'è la tomba di Carlo V, dinanzi alla quale Filippo s'inginocchia per un istante a capo scoperto; quindi prosegue il suo cammino colla Regina.)

129

130

PARTE SECONDA

UN SITO RIDENTE ALLE PORTE DEL CHIOSTRO DI SAN GIUSTO

Una fontana; sedili di zolle; gruppi d'alberi d'aranci, di pini e di lentischi. All'orizzonte, le montagne azzurre dell'Estre_
madura. In fondo, a destra, la porta del Convento. Vi si ascende per qualche gradino.

N. 2. CORO E SCENA

La Principessa d'Eboli, Tebaldo, la Contessa d'Aremberg, Dame della Regina, Paggi.- Le Dame sono assise sulle zolle intorno alla fonte. I Paggi sono in piedi intorno ad esse. Un paggio tempra una mandolina.

136

140

vol qui l'u_si_gnuol più lieto par, qui l'u_si_gnuol più lieto par.

146

148

150

152

154

_ca _ te la man_do _ li _ na: e cantiam tutte in _ siem,   cantiam la canzon sa_ra_

_ci _ na,   quella del Ve _ lo,   pro_pizia all'a _ mor. Cantiam!

Can _ tiam!

Can _ tiam!

Can _ tiam!

CANZONE DEL VELO

EBOLI

156

158

di _ ce a lei: *t'a_doro,ogentil bel_tà.* _____ *Vien, a sè t'in_*

160

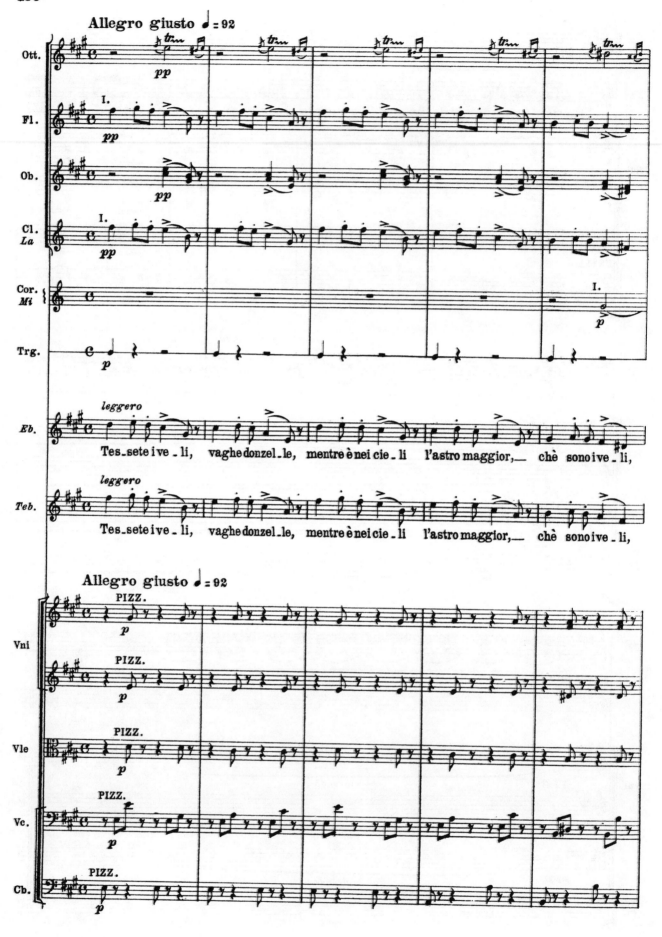

al ____ brillar delle stel _ le, più ca _ ri all'a _ mor.

al ____ brillar delle stel _ le, più ca _ ri all'a _ mor.

162

164

Ma discerno ap_pe_na,

(chia_ro il ciel non è)____ i capel_li bel_li____ la man bre_ve, il pie'

Deh! solle_va il ve_lo che t'a_scon____de a me; es_ser co_me il cie_lo sen_za

166

al_____ brillar delle stel _ le, più ca _ ri all'a _ mor.

al_____ brillar delle stel _ le, più ca _ ri all'a _ mor.

172

N 3. SCENA, TERZETTINO DIALOGATO

ELISABETTA, EBOLI, RODRIGO

ROMANZA DI RODRIGO

(Elisabetta rimane un momento immobile e confu a, mentre Rodrigo s'avvicina ad Eboli.)

B
Allegro moderato

Rod.
_terna.) Ecco il regal sug_gel, i fior_da_li_si d'ôr.

Allegro assai moderato ♩=88

EBOLI (a mezza voce a Rodrigo)
Che mai si fa nel suol france _ se, co_sì gentil,_ così cor_te _ se?

Allegro assai moderato ♩=88

con eleganza

178

180

Elis. lega, in no_me d'un pas_sato a me caro, v'affi_date a costui, ven

Eb. man _ ti la se _ ta e l'ôr_____ sono e _ le_gan _ ti?

182

186

194

(Rodrigo prende la mano d'Eboli e s'allontana con lei parlando sottovoce.)

196

N.4. GRAN SCENA E DUETTO

ELISABETTA e DON CARLO

Don Carlo si mostra condotto da Tebaldo. Rodrigo parla sommesso a Tebaldo che entra nel Convento. Don Carlo s'av-
vicina lentamente ad Elisabetta e s'inchina senza alzar lo sguardo su di lei. Elisabetta, contenendo a fatica la sua
emozione, ordina a Don Carlo d'avvicinarsi. Rodrigo ed Eboli scambiano dei cenni con le Dame, si allontanano,
e finiscono per disperdersi tra gli alberi. La Contessa d'Aremberg e le due Dame restano sole in piedi, a distan-
za, impacciate del contegno che debbono avere.
A poco a poco la Contessa e le Dame vanno di cespuglio in cespuglio cogliendo qualche fiore, e si allontanano.

200

(Rodrigo ed Eboli sono partiti. Elisabetta fa un cenno d'addio a Don Carlo e vuole allontanarsi.)

DON CARLO

Ciel! non un sol, un soldetto pel meschino ch'esul sen va!

204

Perchè, perchè accu_sar il cor d'indiffe_renza? Capir dovreste questo no _ bil si_

_vel!

_len _ zio. Il do_ver, co_me un rag _ gio al guar _ do mio bril _ lò; gui_

206

208

Fl.

C.i.

Cl.
Si♭

Fg.

Trbn.

Of.

ppp

A.

D.C.

_vo_la,   il ciel,   il ciel   pie_tà__sen_tì di tanto

Vni

Vle

Vc.

PIZZ.
ppp

Cb.

PIZZ.
ppp

218

222

N. 5. SCENA E ROMANZA

FILIPPO II, ELISABETTA, TEBALDO, la CONTESSA d'AREMBERG, RODRIGO, EBOLI, CORO, PAGGI, entrando successivamente.

232

234

238

(La Regina si separa piangendo dalla Contessa, ed esce sorreggendosi ad Eboli. Il coro la segue.)

N. 6. SCENA E DUETTO

FILIPPO e RODRIGO

vi _ e piangendo   va;   tut _ to ___ struggon fer _ ro e fo _ co,   ban _

-seg _ gia   scorrersanguealguar _ do   par;   della ma _ dreilgri _ do e_

248

-cheg - gia   peifigliuo - liche   spi - râr!   Ah! sia

be _ nedet _ to Id _ di _ o   che   narrar lascia a me questa cruda agonia, perchè siano _ ta al

Re, perchè sia no _ ta al Re.

FILIPPO

Col sangue sol po_tei la pace aver del mon _ do;

il bran _ do mio calcò l'or _ goglio aino _ va _ tor, che illu _ do _ no le gen _ ti coi sogni menti _

252

254

256

258

259

262

so — vra d'o.gn'al _ tro, d'o _ gn'al _ tro Re per voi,

264

per voi _____ si al_lie_ti il mon _ do! ___ da_te la li_ber_tà!

266

270

quel ___ cor ___ che ___ niun po _ tè   scrutar!

Pos _ sa co _ tan ___ to

dì la pa_ce a me tor _ nar, pos_sa co _ tan _ to dì la pace a me tor_

276

278

280

LA TELA CALA RAPIDAMENTE

Fine dell'Atto II.

ATTO TERZO

PARTE PRIMA

N. 7. PRELUDIO

282

I GIARDINI DELLA REGINA A MADRID.

Un boschetto chiuso. In fondo, sotto un arco di verzura, una statua con una fontana.- Notte calma.

N. 8. SCENA, DUETTO E TERZETTO

EBOLI, DON CARLO E RODRIGO

286

288

L'u_ni_ver _ soobli_am! te so_la,o cara,io bra _ mo! Passa _ topiùnon

string.

Ott.

Fl.

Ob.

Cl.
Sib

Fg.

Mib
Cor.
Reb

Crnt.
Lab

Trb.
Mib

Trbn.

Of.

Tp.

Eb.

_mor____ il tuo cor___ al mio cor,_____ il tuo cor___ sempre u_nir!

D.C.

L'u_ni_ver _ so obli_

string.

Vni

Vle

Vc.

Cb.

292

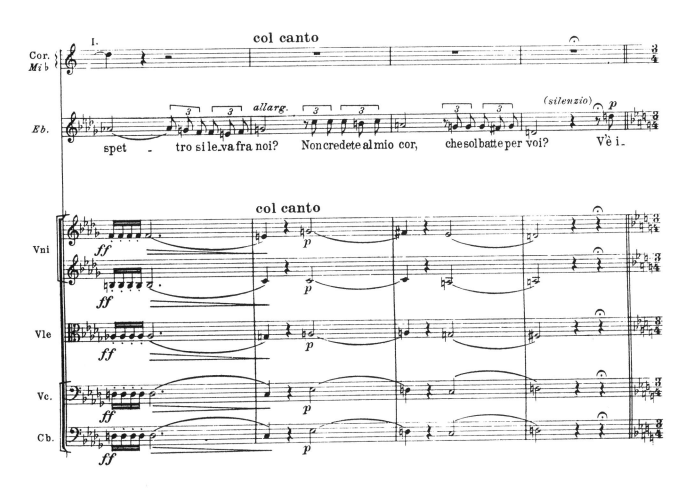

295

den_so ve_do del_le nubi il vel; su questo capo io veggo o_gno _ ra pronta a scop_piar la fol _ gore del

EBOLI

U_dii dal pa _ dre, da Posa i stes _ so in tuon si_ni _ stro di voi parlar. Sal_

ciel! Rodri _ go!

298

vostro inver celeste è un co _ re, ma chiu _ so il mio restar_____ al gaudio

de'! Noi facemmo ambe_due _ un so_gno stra_no in notte sì gentil, tra il profumo dei fior.

302

Ma un nemi co io son formi da bil, possente: m'è no to il tuo po ter, il mio t'è i gno to an cor!

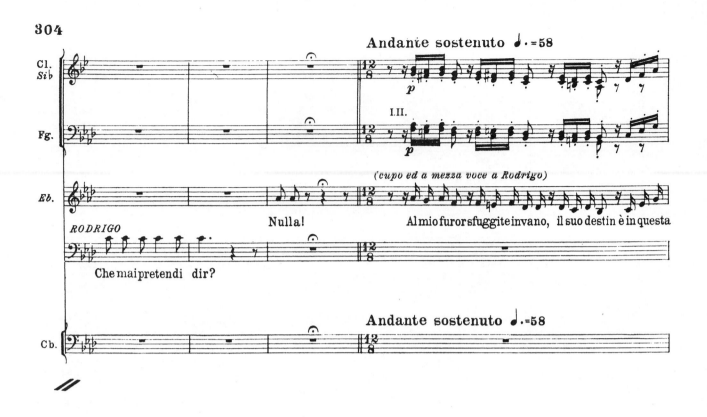

308

312

316

Ed io_____ che tremava al suo a_spet __ to! El_la vo_lea,_____ que_sta santa no_

_vel _ la, di celesti vir_tù mascherando il suo cor, il piace_re li_bar ed intera la coppa vuotar dell'a_

_mor.

Ah!   per mia fe'!   fu ben ar _ di_ta!

RODRIGO

Tu qui mor _

_cor!   Perchè tardi? *(gettando il pugnale)*

No.   No, u_na speme mi re _ sta, m'i_spi _ rerà il Si_gnor.

Tremaper te, fal_so fi _ gliuo_lo, la mia ven_detta ar_ri _va già.   Trema per te, fra po_co il

suo _ lo sot_to il tuo pie' si _ schiu _ de _ rà!

RODRIGO

Tacer tu dêi, ri _ spet _ ta il

328

No, no, del mio cor sei la speranza; questo cor che sì t'a mò a te

chiu de re non so. In te ri po si ogni fi dan za:

sì, questi fogli importanti ti do!

RODRIGO

Car lo, tu puoi,

PARTE SECONDA

UNA GRAN PIAZZA INNANZI NOSTRA DONNA D'ATOCHA.

A destra la Chiesa, cui conduce una grande scala. A sinistra un palazzo. In fondo altra scalinata che scende ad una piazza inferiore in mezzo alla quale si eleva un rogo di cui si vede la cima. Grandi edifizi e colline lontane formano l'orizzonte.

N. 9. GRAN FINALE

Le campane suonano a festa. La calca, contenuta appena dagli Alabardieri, invade la scena.

Coro di popolo, poi Coro di Frati, che menano i condannati al rogo.

Spun _ ta _ to ecco il dì _____ d'esul _ tan _ za, _____ o _

Spun _ ta _ to ecco il dì _____ d'esul _ tan _ za, _____ o _

Spun _ ta _ to ecco il dì _____ d'esul _ tan _ za, _____ o _

Spun _ ta _ to ecco il dì _____ d'esul _ tan _ za, _____ o _

338

342

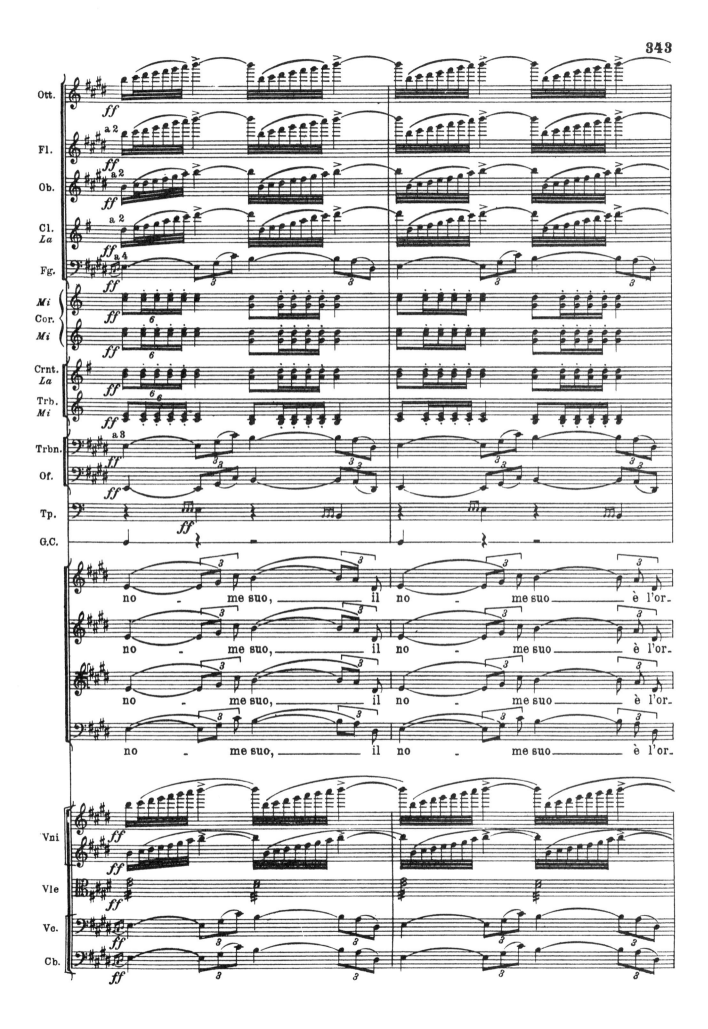

Ott.
Fl.
Ob.
Cl. La
I. III. a 2
Fg.
II. IV. a 2
Mi Cor. Mi
Crnt. La
I.
Trb. Mi
I.
Trbn.
Of.
Tp.
O - nor al Re, o - nor al
- tà. O - nor al
Ten. I. II.
- vrà nel - l'e - ter - - - ni - tà. O - nor al
Bassi I. II.
- vrà nel - l'e - ter - - - ni - tà. O - nor al
Vni
Vle
Vc.
Cb.

356

Rodrigo, il Conte di Lerma, Elisabetta, Tebaldo, Paggi, Dame, Signori della Corte, Araldi reali. (Marcia. Il corteggio
esce dal palagio. Tutte le corporazioni dello Stato, tutta la Corte, i Deputati di tutte le provincie dell'Impero. I Grandi di Spagna. Rodrigo è in mezzo ad essi. La Regina in mezzo alle Dame. Tebaldo porta il manto d'Elisabetta. Paggi,
(Il corteggio si schiera innanzi ai gradini della Chiesa.) *ecc.)*

358

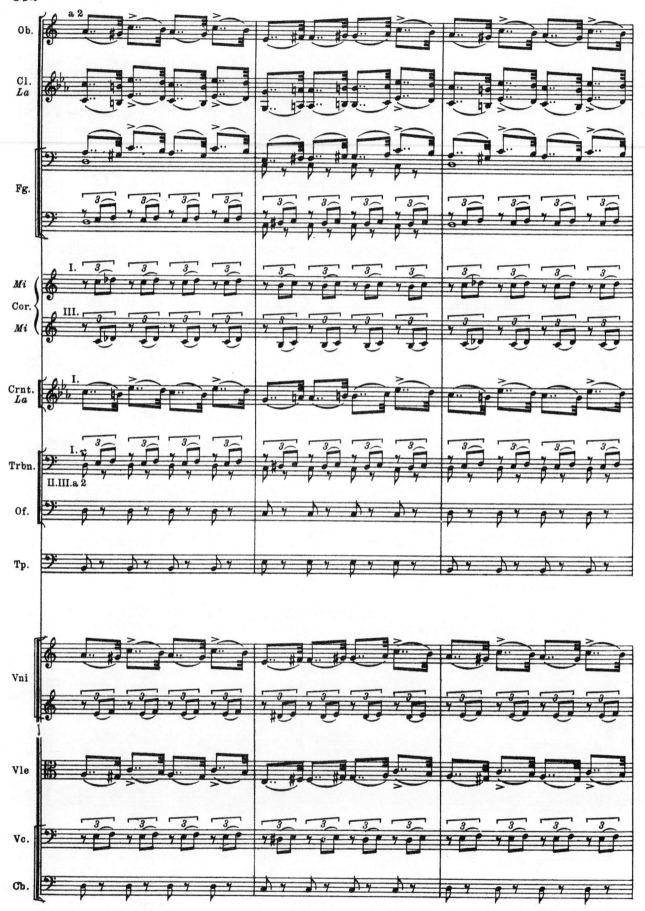

366

368

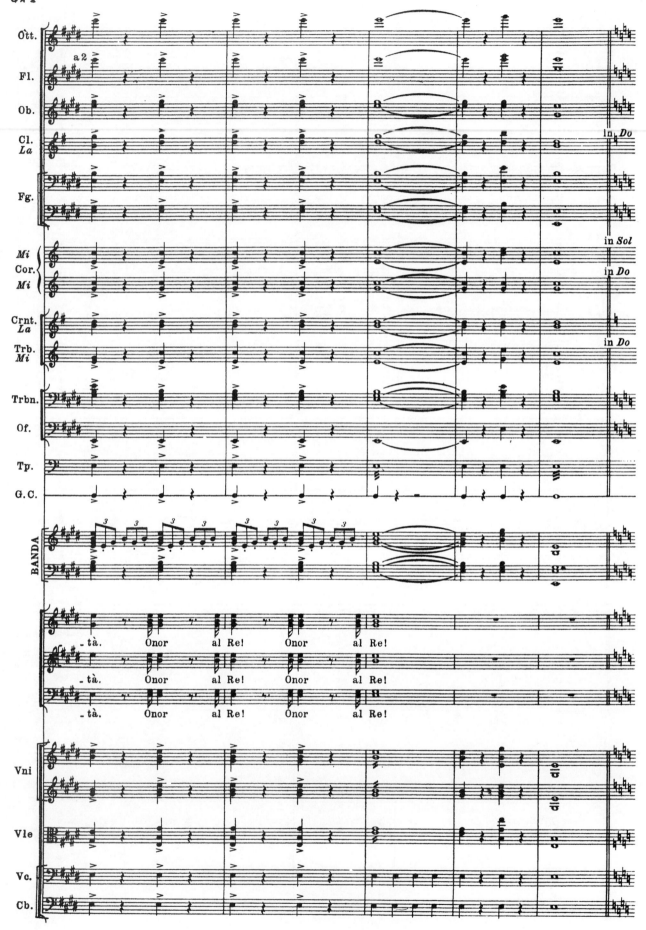

(Le porte della Chiesa nell'aprirsi lascian vedere Filippo con la corona sul capo, incedendo sotto un baldacchino in mezzo ai frati. I Signori s'inchinano, il popolo si prostra. I Grandi si coprono il capo.)

378

382

no, l'o_ra estrema anco_ra non suo_nò_____ per i Fiammin_ghi in duol. Tut _ t'un popolo t'im_

_plo_ra, fa che in pian_to co_sì _____ sempre non ge _ ma. Se pieto_so il tuo

384

394

402

406

(*Il Re s'incammina dando la mano alla Regina: la Corte lo segue.*
Vanno a prender posto nella tribuna a loro riservata per l'auto-da-fè.)

UNA VOCE DAL CIELO - Sopr. (molto lontano)

Vo _ la _ _ te _ ver _ _ so il _

del ter _ ro _ _ re!

ciel, vo _ la _ te, po _ _ ve _ re al _ _

416

418

125750

420

-CALA LA TELA-

ATTO QUARTO
PARTE PRIMA

IL GABINETTO DEL RE A MADRID
N. 10. INTRODUZIONE E SCENA
FILIPPO

422

(SI ALZA LA TELA)
Il Re assorto in profonda meditazione, appoggiato

ad un tavolo ingombro di carte, ove due doppieri finiscono di consumarsi. L'alba rischiara già le invetriate delle finestre.

Io la rivedo an_cor   contemplar triste in vol _ to   il mio crin bianco il dì che qui di Francia

ven _ ne.

Più animato

col canto

(lungo silenzio)

_sar   veggo i miei giorni len _ ti!   il   sonno, o Dio, sparì da' miei occhi lan guen _   _ ti.

C Andante mosso cantabile ♩=56

Dor _ mi _ rò   sol   nel manto mio re_gal,   quan _ do la   mia   giornata è giunta a

parlato a mezza voce

Fil. _der! Se dorme il pren_ce, ve_ _glia il tra_di_

I. Tempo

Vni

Vle

Vc.

Fil. _to_re; il ser_to per_de il re, il consor_te l'o_

Vni

Vle

Vc.

allarg. a tempo

Ob.

Cor. Fa

cantabile

Fil. _no_re! Dor_mi_rò sol nel man_to mio re_

allarg. a tempo

Vni

Vle

Vc.

dim. ppp

-gal, quan_do la mia giornata è giunta a se_ra, dor_mi_rò sol sot _to la vôl_ta

ne _ ra, dor_mirò sottola vol _ ta ne _ ra, là nell'avello dell'Escuri _ al.

N. 11. SCENA

FILIPPO E IL GRANDE INQUISITORE

454

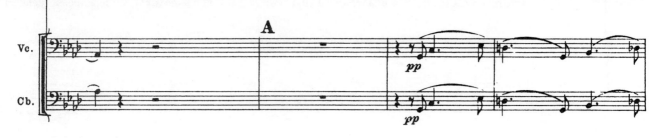

456

Posso il figlio immolar al mon_do, io   cri_stian?

_bel_le.   Per riscattarci, Id_dio   il suo sacrifi_

Ma tu puoi dar vi _ gor   a leg ge sì se _ ve _ ra?

_cò.

Ovunque avrà vi _ gor se sul Calva _ rio

438

La natu _ ra, l'a _ mor tacer potran _ no in me?

l'eb _ be.   Tut _ to tacer do _ vrà per e _ saltar la fè.

ben!   No.

Non vuol il Re   su d'altro interrogar _ mi?   Allorson

442

D

I. Tempo

Per traver_sar i dì dolen_ti in cui vi_viamo, nella mia Cor_te in_van cercat'ho quel che

D

I. Tempo

444

giu_ _ro a Dio, doman sa_re_sti pres_so il Gran_de Inqui_ _si_tor   al

448

G

Un poco più ritenuto ♩ = 120

Re_gi   al re _ gno tuo pos_sen_   _te! L'o_pra di tan _ ti

451

di tu vuoi strugger, demen - - - te!

452

Perchè mi trovo io   qui?   Che vuol il Re da me?

Dunque il tro - no pie gar do vrà sempre all'al ta _ re!

- se!

N. 12. SCENA E QUARTETTO

ELISABETTA, EBOLI, RODRIGO, FILIPPO

458

462

Più animato

Fl.

Cl.
La

Fg.

Elis.

_ten-go a Di _ o sommes_ _sa,_ ma im_maco_la_ta qual giglio son!_ Ed

Più animato

Vni

Vle

Vc.

Cb.

I Più mosso ♩:112

a 2

Cl.
La

Fg.

Elis.

o_ _ra si   so _spet_ta l'onor d'Eli_sa_betta!.. si du_bi_ta di me... e   chi m'ol_

con forza

I Più mosso ♩:112

Vni

Vle

Vc.

Cb.

466

se   tanta in fa _ _ mia colmò _ _ la mi su _ ra;

io lo giu_ro, lo giu_ro innanzi al ciel, il sangue

470

(aprendo le porte dal fondo)

Soccorso alla Re-gi - na!

cui non v'è da _ to il co _ man _ dar?

FILIPPO

(tra sè)

(Ah! sii ma _ le _

478

484

(gettandosi ai piedi di Elisabetta)

Pie -

dopo breve esitazione. Rodrigo lo segue con gesto risoluto. Eboli resta sola con la Regina.)

N. 13 SCENA ED ARIA

ELISABETTA ED EBOLI

490

492

494

Pietà!   pie - tà!

Re... non imprecate a me!   sì,   sedotta! per_duta!...   l'er_ror   che v'impu_

496

_tà, ah! ti ma_le _ di_co, o mia bel _ tà.

508

Oh ciel! E Car_lo?   a mor_te   do_ma_ni...   gran

spe _ me m'ar _ ri _ de,   sia _____ bene _ det _ to il ciel, ___ benedet _ to il

ciel!_ Lo sal - ve - rò!... Un dì _ mi resta, un dì _ mi resta, ah, si -

512

PARTE SECONDA

LA PRIGIONE DI DON CARLO

Un oscuro sotterraneo, nel quale sono state gettate in fretta alcune suppellettili della Corte. In fondo, cancello di ferro che separa la prigione da una corte che la domina e nella quale si veggono le guardie andare e venire. Una scalinata vi conduce dai piani superiori dell'edificio.

N.14. MORTE DI RODRIGO E SOMMOSSA

516

Sul   tuo   ci _ glio il pian _ to io

mi _ ro;   la _ gri _ mar,   la _ grimar cosi per_chè?   No, fa

Carlo mio, a me por-gi la man!...

Io mor - rò, ma lie - to in

530

.to - re! Ah! di ____ me non ____ ti scor.

536

Piu mosso

Ott.
Fl.
Ob.
Cl. Sib
Fg.
Mib Cor. Sib
Crnt. Lab
Trb. Mib
Trbn.
Of.
Tp.

Rod.

(Rodrigo muore. D. Carlo cade disperatamen-

Ah!_salva la Fiandra, Carlo, addi o, ah! ah!_____

Più mosso

Vni
Vle
Vc.
Cb.

te sul corpo di Rodrigo)
DON CARLO

(*con desolazione*)

FILIPPO

Ar.

Mio   Carlo, a te la spada io rendo.

F Allegro ♩=144

538

retra! la tua man di san _ gue è intri_sa... Or _ ror! U _ na fraterna

542

544

(Il popolo entra furiosamente in scena.)

vo'!

548

555

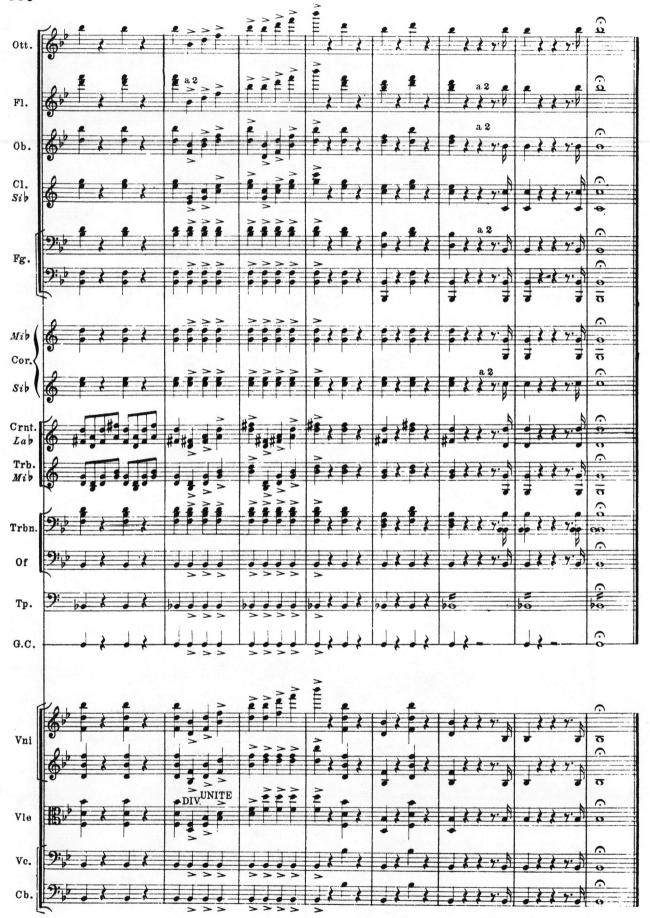

ATTO QUINTO

IL CHIOSTRO DEL CONVENTO DI SAN GIUSTO

come nell'Atto primo.- Notte.- Chiaro di luna.

N. 15. SCENA ED ARIA

ELISABETTA

558

SI ALZA LA TELA
(*Elisabetta entra lentamente assorta nei suoi pensieri, s'avvicina alla tomba di Carlo V e s'in-*
ginocchia.)

562

tro _ no del Si_gnor,   il   pian_to   mi _ o   por_ta al

564

tro _ no   del   Si _ gnor.

572

_ cor!   ce _ dendo al duol cru _ del,   il cor,   il   cor ha un sol de _ sir: la

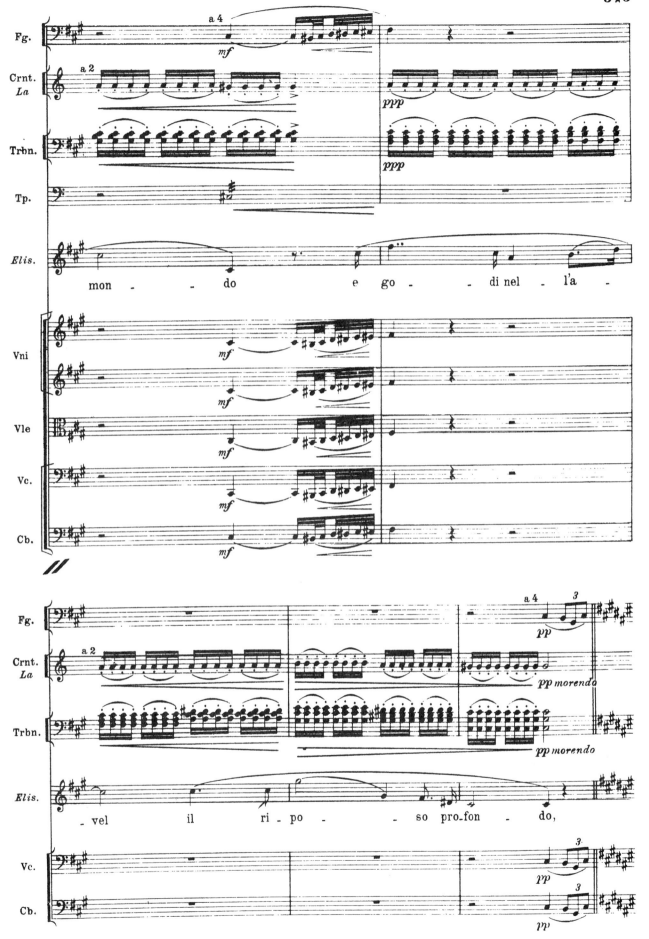

lo - re,   e   por - ta   il pianto mi - o al

578

piange, si piange in cie_lo, . ah,il pian_to mi _ o reca a'pie'del Si_gnor.

SCENA, DUETTO D'ADDIO E FINALE

ELISABETTA E DON CARLO

584

string.

_ten _ de,   sic _ co _ me a Re _ den _ tor,   nei   dì   della sven_

string.

A lui＿＿n'andrò be＿a＿to, se

588

spento___o vin-ci-tor,   plauso o pian _ to m'a-vrò   dal tuo me _ mo-re

590

_dar! va,_____ va, va!____ sa _ li il Cal _ va _ _ _ rio e salva un po _ polo che

594

595

man!   ma   vinto in sì gran dì l'o_nor ha in me   l'a_mo_re;   im _

598

600

602

606

Fl.

Ob.

Cl.
La

Fg.

Mi
Cor.
Si

Elis.

_ siem   nel   Si _ gnor,   e noi là trove_rem   stretti insiem nel Si_

D.C.

_rem   stret_ti insiem _____ nel Signor _____

Vni

Vle

Vc.

Cb.

608

610

DON CARLO

Dio mi vendi _ che _ rà! il tribunal di

san _ gue sua ma _ no spez_ze _ rà!

(Don Carlo, difendendosi, indietreggia verso la tomba di Carlo Quinto.)